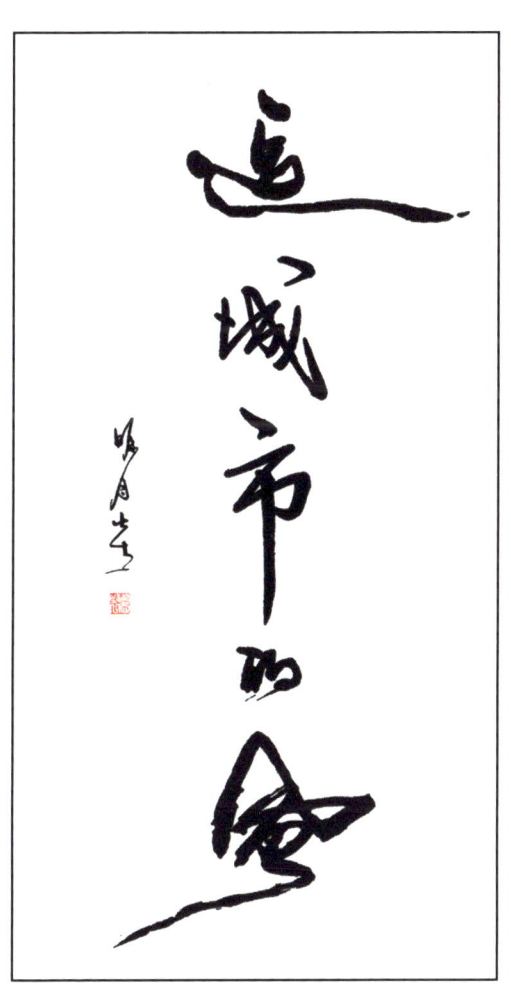

王晓云 著

上海文艺出版社

目　　录

contents

序言:我像我那样生活 …………………………… 李天靖

春意正浓

风起时 ……………………………………………… 3

春 ………………………………………………… 4

春的手指 ………………………………………… 5

春雨 ……………………………………………… 6

听雨 ……………………………………………… 7

春雷在梦里 ……………………………………… 8

风拂过柳枝 ……………………………………… 9

春之魅 …………………………………………… 10

午后窗台上的阳光 ……………………………… 11

花魂 ……………………………………………… 12

访樱(一) ………………………………………… 13

访樱(二) ………………………………………… 14

花开的声音 ……………………………………… 15

潮汐如歌

夜深了 …………………………………………… 19

涨潮 ……………………………………………… 21

跃龙门 ·········· 22

井栏 ·········· 23

脚印 ·········· 24

月色濯心 ·········· 25

念 ·········· 26

寻一条水草 ·········· 27

桥 ·········· 28

线 ·········· 29

休止符 ·········· 30

月光照亮樱的歌声 ·········· 31

城市简笔

风记得你的味道 ·········· 35

城市，被你温暖地唤醒 ·········· 36

陈毅广场 ·········· 37

外滩的剪影 ·········· 38

浦江夜色 ·········· 39

上海中心 ·········· 40

墙面上的音符 ·········· 41

梦·镜——题杨冰川浦江晨曦图 ·········· 42

你好，陆家嘴 ·········· 43

陆家嘴不是一个梦 ·········· 44

人民路隧道随想 ·········· 45

豫园的元宵灯会 ·········· 46

梅园公园里的红梅 ·········· 47

哈哈镜 ·········· 49

下海庙旁访下海浦 ·········· 50

古城墙上岳碑亭 ·············· 52

初访广富林 ·············· 53

九曲桥 ·············· 55

长江隧桥 ·············· 56

莲影石音

六月莲影 ·············· 59

网 ·············· 60

琥珀 ·············· 61

如果重回那一天 ·············· 62

听见石头的心跳 ·············· 63

石头的心 ·············· 64

交由时光炼成一块五彩石 ·············· 65

刻刀之吻 ·············· 66

雕塑 ·············· 67

雕塑者与他的作品 ·············· 68

炼石 ·············· 69

石头里的翅膀 ·············· 70

山之巅 ·············· 71

思如烟花 ·············· 72

月光哑了 ·············· 73

楼兰浅梦 ·············· 74

末班车 ·············· 75

思念的针脚 ·············· 77

茧语 ·············· 78

藏 ·············· 79

迷雾 ·············· 80

露珠 ·················· 81

梦境碎语 ·················· 82

绿枝上的梦 ·················· 83

攒 ·················· 84

嗨,好久未见 ·················· 85

白头履约 ·················· 87

热胀冷缩 ·················· 88

一眼 ·················· 89

我比你想象中更爱你 ·················· 90

沐风轻语

时光是一个容器 ·················· 93

闲聊 ·················· 94

想听你说话 ·················· 95

定格 ·················· 96

莫负春光 ·················· 97

惑 ·················· 98

江南晓渡 ·················· 99

煮冰 ·················· 100

足音 ·················· 101

立夏这一天 ·················· 102

筝语 ·················· 103

任性 ·················· 104

另起一行 ·················· 105

寒露之后 ·················· 106

西子湖 ·················· 107

习惯 ·················· 108

跨越 ················· 109

当哀伤真的到来 ··········· 110

晚安，我的爱人 ··········· 111

这一天 ················ 112

循文品字

文字 ················· 117

笔尖落花 ··············· 118

也问 ················· 119

神话 ················· 120

望月 ················· 121

观剑南诗稿 ············· 122

刻舟求剑 ·············· 123

灯下 ················· 124

寰宇微尘 ·············· 125

等一个字落下 ··········· 126

致普拉斯 ·············· 127

美丽的谎言 ············· 129

街巷漫步

街头一瞬 ·············· 133

它们是来参观我的 ········· 134

剪发 ················· 135

水泥备忘录 ············· 136

雨中偶遇 ·············· 137

老歌 ················· 138

在你看得见的地方 ········· 139

触角 ·· 140

闲章偶拾

花 ·· 143

悟 ·· 144

光阴单行线 ··· 145

今宵多珍重 ··· 146

一颗音符 ·· 147

爱情 ·· 148

雨中的小花 ··· 149

仲夏之夜 ·· 150

肩头 ·· 151

后记:停不下,追风的脚步 ····················· 王晓云

序言:我像我那样生活

——读王晓云诗集《追,城市的风》

李天靖

女诗人王晓云的这本诗集分八辑,次第分为"春意正浓""潮汐如歌""城市简笔""莲影石音""沐风轻语""循文品字""街巷漫步""闲章偶拾"等。可见她视域之广阔,诗思之精微。《追,城市的风》,这个题目也颇有意味。主谓"倒置"的修辞,自喻为"城市的风"去"追",追什么呢,这个悬念,抑或要读懂她的诗,才会分晓。

一、诗风形象、简洁、精短,意味隽永

"春意正浓"一辑里,《春雷在梦里》虽只短短四行,却给人很深的印象。

惊蛰来了

雷公的钥匙
被打盹的小神
掉在了梦里

这诗的题目就很有意思,"春雷在梦里"是"我"在梦里听

见了惊蛰的春雷;另一种意思是,你雷公干啥吃的,你看钥匙,被打盹的小神掉在梦里,惊蛰的雷声仍然应时而至,有点反讽的意味。另外"雷公的钥匙/被打盹的小神/掉在了梦里",一种想象力的极致,令人晕眩。

另外,一些写春风春雨的诗句也让人过目不忘。一首仅三行的"风起时/春/醒了",春因风而醒。让人想起"二月春风似剪刀",虽吹拂着料峭的寒风,但春毕竟醒了。《春雨》写得也很形象,"倒是麦的种子/听见号角/都挤出了小脑袋",春雨声似"号角",颇有些"帘外雨潺潺"。《春之魅》则表现了女诗人浪漫的一面,"一支圆舞曲飘来/拥着我/旋舞//凌乱的发/飞扬/青春的梦//阳光闪烁/不及/你的目光明媚……"春唤醒万物内心的激情,人也不例外。

在"潮汐如歌"这一辑里,诸多的好句等着你去欣赏、玩味,"垂钓者的浮标/开始慌乱//鱼儿的呼吸里/藏满了思念"(《涨潮》);"去寻一条水草/沐着星辉与虫鸣"(《寻一条水草》);"梦被拽得/隐隐生疼//心里 也有一根/未断的弦线/风一吹 却是一江花月夜"(《线》)等,是借物抒怀,或物我心灵的交会,给人以遐思。

在"莲影石音""沐风轻语""循文品字"三辑中,一首《网》是情感的自述。"只一眼/便被网住//在心湖里/甘愿是一尾鱼//站立成人/无声也欢喜"。"只一眼"被网住的感觉意象新奇,全诗情感大胆而真率。《琥珀》小巧精致。琥珀是松柏科的树脂滴落及掩埋地下千万年,在压力热力的作用下形成的,表面是树脂流动的纹路,内部可见气泡及古老的昆虫。这首诗里女诗人用想象力还原成为琥珀的一瞬间的美,"雨落的那刻/你哭了吗/花开的瞬间/你笑了吗",在两个设问中,表现了琥珀充盈的生命力——"你的心/袒露在这里",琥珀在女诗人笔下成为永远的活物。

《今宵多珍重》仅两行"思念是一种毒/除了相见 别无解药"，女诗人渐渐老辣了。《花》这样写道，"花凋谢之后/果实来了//我们不再说爱/心底却开满了鲜花"。《悟》只有两行，"放下那刻/世界突然静了"，这个"静"是顿悟的瞬间，也是"悟得"后只可意会、不可言传的惊喜。

"城市简笔"第一首，写卖栀子花的女人，"栀子花——/白兰花——"，街头巷口偶尔还传来那卖花声；"哪怕 卖花的姑娘已白了头/风依然记得岁月的暗香"，这是上海，仅存的一种美的沧桑，渐次消逝切近而悠远……

二、展示了现代主义的锋芒

《井栏》匪夷所思地描述了"那一夜"月色的妙曼，"水波缓流"的月色之下，深井内倒映着一轮月，女诗人写道：

> 月 沉入自己的眼眸
>
> 凿出一眼井

静中寓动，意象精致、奇瑰而深邃；

> 栏外的光
>
> 是静流松动的白齿
>
> ……
>
> 那月 撞破井栏
>
> 身上残留齿痕

给人以丰富的想象

《它们是来参观我的》是用了主客倒置的修辞。即换了一个角度,以"它们"的眼光来"参观"我,鸟和"我"之间隔着窗户的铁栅栏。看看窗外自由觅食的鸟,对我怀有怎样的好奇心:"它们叽叽喳喳/隔着铁栅栏/评论不休//这可怜的人/怎么没有翅膀"。这样的写法开辟了一个崭新的境界,显现了真正现代诗的品格。大世界的《哈哈镜》又复出,被写得妙趣横生,"那面哈哈镜/有一只魔幻的手//它拽住每一个人/变着高矮胖瘦的魔术……/一个个孩子穿过镜子/成了魔术里的样子",看着她魔术化的"哈哈镜",忍俊不禁。

形象融于知性或解构

"艺术的第一利器,是它的美",《雕塑》的美在于"最后一刀抽离时/世界都已跌倒/在你的脚下",这是对艺术美的高度概括。"一粒沙/三百倍镜下/色泽 质感 与风姿",《寰宇微尘》写了女诗人眼中一粒沙中的微观世界,接着写道"就能明白/布莱克/'一沙一世界'/隐喻/妙趣与哲理",见她诗思之精微。

《美丽的谎言》揭示了什么谎言?第一节"你的谎言/如浴室里的镜子/将我定格在十八岁",此"谎言"是"镜子",还是什么,给人以悬念——"推窗而望的青春/只有晴朗的天与和煦的风/还有奔跑的脚步与飞翔的心",明显的承接了"十八岁",而一句"推窗而望的青春",这个"青春"的前缀"推窗而望的"加得好!由此使"青春"自适而自足;但问题是这些生命的事物无疑是"美丽"的,而"谎言又是什么"?在最后一节,女诗人终于忍不住地说出"当时光终于不再撒谎"时,一下子将前述的"美丽",什么"镜中"的十八岁,"推窗而望的青春"如多米诺骨牌似地一一推倒……此刻女诗人写道"我却甘心为你眉眼的沟壑/书写最美的歌词",毅然决然,这个"你"就是

"时光"。女诗人以"我"为诗模,有情而无情地解构"时光"这"美丽的谎言"。

《致普拉斯》是一首进入语言内部的努力

女诗人作为女性本能的体验,"你藏在词语的背后/却又成为箭矢/射出最精确的词语",这个"词语"就是普拉斯对休斯的炽热的爱,被屡屡伤害,"被扼伤了的脖颈/扭不断的汩汩长河",但她爱得执著——回忆"爱情 曾经来过/在最美的时候/月亮 照见紫杉树";像"清晨/我踩进这光影/像踩进一面镜子"那么纯净——你看女诗人用了这么多的情景或意象,在阐述这个"词语"的爱;或曰这个爱的"词语"的内部。当然,女诗人只写道普拉斯爱的一半就戛然而止;下一半则是普拉斯爱的悲剧和不幸。

尝试了冷抒情

譬如"沐风轻语"这辑里的一首《煮冰》,在夜深之际,炉火熄了,"有一壶茶/放在心眼上/慢煮//水/走不近沸点/却烫伤了我的目光";最后点题"舞吧 火苗/坚冰最怕/岁月的灼热",女诗人对于情感的克制,更多的情感内涵由读者去品茗。《水泥备忘录》是一首纯粹的口语诗,将忧伤或虚无藏匿在文字背后的冷抒情,因为你面对的是时间的残酷,"一块碑 躺在草丛里/'一九八八年春'与'立'断成两截/像一种行为艺术//这是水泥的备忘录/关于生死/精炼到/没有句号",语言干净、意象十分精准,让人难忘。

经过了二十多年诗歌艺术上精进不止,可见她的诗歌已呈现形象、简洁、精短的诗风,渐次趋向现代主义知性的口语、冷抒情,以及进入语言内部的开掘,在语言和技艺上,娴熟地运用了拟人、拟物,以及反讽、解构、倒置等修辞手法,也许读完诗集,你会懂得她的"城市的风"在"追"什么——这是一方面;另一方面,这么多年来,她于教学生涯之外的精神追求,面对这个纷繁复杂的世界,她把诗歌艺术当成"心灵抵达纯真之境的方舟",对于自我"返璞归真"的追求——

我像我那样生活。

2017.8.28

(作者系中国作家协会会员,诗人、诗评家,上海作协《上海诗人》首席编辑。)

春意正浓

风起时

风起时
春
醒了

春

搜尽一切辞藻

却不及

你

动心

暖阳与星月

如镜

在清风里

翩舞成无数诗行

春的手指

枝丫上的果
是春的信

每一颗籽
都藏着期盼

等下一个春分
会有纤指轻轻剥开它们

春　雨

过了今晚
春又短了一截
我的梦　也残了一角

倒是麦的种子
听见号角
都挤出了小脑袋

听　雨

那手
终于不再冰凉
将千条万缕
织出春的中线

谁
从窗前走过
留下湿漉漉的脚印

听
犁田的牛
打算和一株麦苗
清谈一宿

春雷在梦里

惊蛰来了

雷公的钥匙
被打盹的小神
掉在了梦里

风拂过柳枝

滑过燕子的尾翼

褪去剪子的寒气

找一条细枝暂栖

寻一缕早春讯息

风

拐过街角

撞上梦的柳枝

点开　一季明媚

春之魅

一支圆舞曲飘来
拥着我
旋舞

凌乱的发
飞扬
青春的梦

阳光闪烁
不及
你的目光明媚

我在你的追光里
独领
春之魅

午后窗台上的阳光

春日的午后
东向的窗
静静地开了一半

窗台上
杯子一溜排开

我不敢轻动它们
每一个杯里
都有阳光在打盹

花　魂

我以无数个模样
贴近你身畔

发梢的香与鼻息的暖
眼眸的亮与心思的密

这风雨云雾里
你可曾寻到一个我

访樱（一）

为着一个经年旧约
午后去拜访了它

守着一株虬枝
坦诚如初

它又不免娇羞
只悄悄和蜜蜂耳语

生命　总有各自的节律
远远的　愿一切安好

访樱（二）

这是第二次夜访
蝶翅都已　飞离
携着落花
隐入潺潺流水

预知故友来访
在枝头留下待客香氛
静默团簇
素雅微羞

这是热烈之后的清醒
亦是清醒之后的热烈
在黑的夜里灿白
在白的脸上飞红

心的跳
随这黑白绯红
轻舞
怦怦　从枝头跃起

花开的声音

如溪欢唱
漾开朵朵奇葩

以水濯心
沁缕缕芳馨

花开的声音
是这春的小夜曲

从每一株草尖
探出纯美的笑脸

那是缪斯
神秘的魔法

潮 汐 如 歌

夜深了

一切都入睡了
一切又都醒来了

风
从远处
捎来一封信

细草
在梦里攀岩
拔节的力
撼动史前的石头

那是一部天书
抖落的笔画
藏身竹筏
在时光的河里
打捞沉睡的记忆

云飘过
星闪过

夜的深处

有些醒来了

有些又入睡了

涨　潮

下雨了

河　长高了
心　也涨潮了

垂钓者的浮标
开始慌乱

鱼儿的呼吸里
藏满了思念

跃龙门

望穿了秋水

江河

也溃了堤

你只在山陵间

优哉游哉

回溯　翻腾

这龙门一跃

哪及你的心门

玄妙

井　栏

那一夜
水波缓流
月　沉入自己的眼眸
凿出一眼井

栏外的光
是静流松动的臼齿

我不敢撒谎
那月　撞破井栏
身上残留齿痕

脚　印

那是无数思念
踩出的一条路
从来处去往归处

每一个落点
震颤钟的指针
叮当与嘀嗒
便是岁月的弦音

时光的流水
纵然洗去每一枚脚印
却　无法掩藏
自己的声涛

月色濯心

那夜月光安静而纯澈
你的目光纯澈而明亮

我们在河边停留
说不尽的话语
潮水般涌过

你眼底的波光
濯洗启明星
唤醒又一个拂晓

一江澎湃
洗亮月色与眸光
还有那颗纯粹的心

念

星光下
念一个人

远远的

你不说
我不问
就这样静静地
听风带来星光的问候

才发现
每一寸肌肤
都是光彩

寻一条水草

去寻一条水草
沐着星辉与虫鸣

绕遍英伦与江南的古镇
将虹彩摇入梦乡

再借易安的小舟
把梦撞醒

康桥或者申江的云影
定然依旧轻盈

桥

这一座桥
沉默着
跨过岁月的暗礁

礁　在波光里圆润
棱角相抵的疼痛
阻止不了心的远眺

眺望
天的尽头
那一个恰巧

线

天上的风筝
水中的鱼儿
被线缠住了梦

风越猛　线越紧
梦被拽得
隐隐生疼

心里　也有一根
未断的弦线
风一吹　却是一江花月夜

休止符

突然就睡去了
一切静止　在一个
悠长的旽里

仿若一个休止符
将所有的音　收拢
连呼吸的音也悄然隐去

然后　突然放手
所有的音符　连同呼吸的节律
奔泻而来　一曲生命之歌

月光照亮樱的歌声

终于不再执著
以蝶的姿态
吻向水　吻向根
吻向自己的魂

那是一捧撷自喜马拉雅的雪
冰莹洗骨　素雅净颜
轻吟曼舞两千多年
温润无数目光

看　谁的衣袂飘飘
缀满唐朝的月光
回眸的浅笑里
幽婉霓裳化作霞光点点

点点霞光幻作蝴蝶两只
展着双翼　沐着月光
在你的枝头
唤醒一行行新的诗篇

城 市 简 笔

风记得你的味道

七月　出梅后的街头

高温与车流

互相较劲

将风糊成双面胶

一曲吴侬软语

慢悠悠开出朵朵

栀子花——

白兰花——

纯白的璨笑

为风儿解了尴尬

哪怕　卖花的姑娘已白了头

风依然记得岁月的暗香

城市，被你温暖地唤醒

每天　最先
唤醒城市的
不是啾啾的鸟鸣

当晨曦擦亮浦江东岸的陆家嘴
你已将陈毅广场
擦拭得如同一面明镜

伴着潮汐
你与小小的笤帚
凝成一道最美的风景

一座城的活力
在你忙碌的节奏中
温暖地苏醒

陈毅广场

那块牌子
或许成了文物
那个公园
也早已换了主人

一座石碑
在楼群与建筑之间
标刻出一个
无法抵达的高度

在这个广场
唯有仰望
才能表达
最庄严的致敬

外滩的剪影

风有点大
江面上滑过
许多影

我在寻一幅画
目光
被咬了一口

夜的取景框里
外滩的剪影
已被定格

无数个深夜
我用双脚和目光
勾勒着你的轮廓

浦江夜色

沿着潮汐涨落的线
在你身畔游弋

万国建筑上的金光
与东方明珠的流彩
对饮一江渔火

外白渡桥还在那里
听吴淞江与黄浦江击掌为盟

夜的中央
只有钟声还在悠扬

上海中心

高

耸

拔节的力
如剑出鞘
与云端的高手
激战　酣然

墙面上的音符

滑音
从竖琴滚落
如大小的珠儿
脆响婉转

光阴
从墙面经过
有几缕
隐入年轮的指缝

梦·镜——题杨冰川浦江晨曦图

是谁在梦的枕边
捡拾最亮的星

当你采撷梦境时
我恰巧在这晨曦里
被光影摇醒

回眸的浅笑
悄然藏入一面魔镜

你好,陆家嘴

你从上个世纪五十年代
和稻香蛙鸣互为映衬

我在这个世纪一零年代
和上证指数共抵云巅

你我在潮汐声里
静听前尘往事

你敞开了老虎窗
我架起了望远镜

越过两个世纪
我们欣然相望

陆家嘴不是一个梦

听说　今天上海很美
摄影师的莱卡
已被诱惑得发烫

晨昏的霞蔚
编织一袭轻纱
悄然铺满两岸滨江

此刻　陆家嘴还未入睡
正等着一双双小脚丫
踩上长江口的海浪

人民路隧道随想

经过你
如同见证一段历史

如一弯细流
绕进豫园
在城隍庙缥缈的香火里
触摸岁月的烙印

似一股疾风
飞回浦东
在陆家嘴璀璨的夜色里
攀越未来的肩头

经过你
我也成了一段历史

豫园的元宵灯会

如潮的人流
从地铁口涌出
今夜的豫园
是巨大的磁场

不知嫦娥
可曾溜下凡间
满园的流光
怕是照见了她的心跳

我遁入恍惚
在灯盏间神游
奇光异彩
不及你的双目明亮

这元宵的灯
原是我偷偷痴等
那个回眸
召唤

梅园公园里的红梅

一声悠长的汽笛
响彻浦江两岸
严冬的航船
即将驶离

小颗的冰珠
大片的雪花
挣脱冬的双臂
跃上岸堤

人群中　它们
逗着孩子
忽而探出笑脸
忽而将身影藏匿

看看它们多么会变戏法
戴上银发
披上金甲
还要洒上香水几滴

孩子红彤彤的小手

提着红彤彤的灯笼
撅起的小嘴　像一朵小花
绣上红艳艳的新衣

当太阳落下
陆家嘴一盏一盏的灯
仿佛一朵一朵的红梅
铺满了大地

这片红梅
唤醒了
整个春天
而春天　就是你

哈哈镜

那面哈哈镜
有一只魔幻的手

它拽住每一个人
变着高矮胖瘦的魔术

笑声绕着走廊
和孩子们捉迷藏

一个个孩子穿过镜子
成了魔术里的样子

下海庙旁访下海浦

微雨的黄昏
在外滩边
邂逅一条小路

这条海门路下
隐着一条河
从吴淞江的记忆中
渐渐舒活

昔日的下海浦边
依稀可辨
明清的潮汐
涨落

袅袅香烟里
渔民拜别妈祖
驾浪出海

一个僧侣
从佛门走来
踩着江波抑或尘土

为船民祈福

我在时光的河边
瞬时入定　又被天籁惊醒
近听下海庙里暮鼓声声
遥闻外滩钟声悠扬

另一条支流
在我心底蜿蜒
牵着我　溯洄上海浦

古城墙上岳碑亭

谁在历史的留白里
握一支指点江山的笔
墨染乾坤

泣血的诗句
闪着森森剑光
应和英雄的狂啸

抗倭的古城墙上
犹闻开封舞剑阁里
鹏举北望的长吟

从中原腹地辗转滨海古镇
由种德寺移入观澜书院
自纸端跃上青石板碑面

醒着的文字站立的魂
在魁星阁畔
融入朗朗书声

初访广富林

你
一半水上　一半水下
四千年的时光
隐秘待宣

从新石器时代
古东吴集镇崛起
到春申君掌领属地
申的文脉　根系愈广

这根
溯向久远
呼应着马家浜、松泽、良渚
完整了上海的古文明史

这根
润泽乡里
知也禅寺里的佛事教人向善
卧子先生的文才与胆识堪作示范

请等我

怀肃仰的心

一步步

走近你　再走进你

九曲桥

忘了细数
曾在第几弯
停留　偷望

那刻
你的心弦
定然颤了又颤

桥下的水波
用倒影记录了
这支心曲

长江隧桥

那条隧道

安寂　绵长

穿行在水底

光　在出口

出口　在眼前

眼光　跃上隧桥的车道

贴着水滚烫的脸颊

水的呢喃与云的轻笑

写就一章新的序曲

莲影石音

六月莲影

一个轻盈的梦
将我诠释成
莲的形象

不是陨落
是投奔　为了
生命的信仰

心的翅膀　薄如蝉翼
舒展在　你
看得见的方向

网

只一眼
便被网住

在心湖里
甘愿是一尾鱼

站立成人
无声也欢喜

琥　珀

贴着你的心
聆听前世与今生

雨落的那刻
你哭了吗
花开的瞬间
你笑了吗

我不猜
也无需问

你的心
祖露在这里

拥着阳光
燃烧我的心

如果重回那一天

那一天
被锁在石头里

陈东东给石头
点了一盏灯

来　举着这盏灯
一起回溯　那一天

别忘了　把一路的
鸟鸣　花香　风语　水流
拢在手心

走吧　别犹疑
去叩开那块化石
寻一寻生命的密码

千秋万代之后
我也将以石头的姿态
点亮后人　回溯的目光

听见石头的心跳

我是多么贫瘠
除了爱
什么也不能给你

"等"
这是你留下的
一个音节

把耳朵贴进石头里
我假装
和岁月打招呼

那时说过多少回《石头记》
现在　就能听见
多少声回音

石头的心

石头的心里
留有亿万年前
谁的体温

并非戛然而止
它只是沉睡　长久长久
宛如睡美人

是光　是风　是自然的心跳
吻醒这颗石化的心
连同一段久远的记忆

紧贴着手指
以璀璨晶莹的心
巡视亘古万物

交由时光炼成一块五彩石

和时间相比
我的每一句话
都及不上
它用心打造的一颗石头

把我的话凝住
交给风　交给雨
交给岁月的熔炉
炼一颗五彩石

然后　由日月星辰
用刻刀雕琢成
一对印章

刻刀之吻

划开表层
才能触及内里

或坚硬或柔软
都待刻刀来吻

是它　诱导
亚当与夏娃
打开了地狱之门

也是它　缔造神话
让残缺的双臂
紧拥世界

来吧　这一吻
将于隐痛中
再造一件孤品

雕　塑

一道金光
裹着天使的羽翼
奔向伤口

最后一刀抽离时
世界都已跌倒
在你的脚下

雕塑者与他的作品

雕塑者与他创作的塑像
正静静对视

是谁唤醒了谁
这并不重要
他们都是时光的作品

他们的目光
隐于无限远方

炼 石

不知女娲用剩的
那块石头
在哪里躲着

我相信
它
依然在修炼

任时光一刀一刀
凿刻出
独一无二的魂

在疼痛里醒来
眼泪
淬炼钻石的硬与透

补天补地
补一条
成就凡人的五彩路

石头里的翅膀

櫻飞满天
满天素蝶

我是风里的蝶的翅
从石头里长出来
如同走过黑夜
又越过火海

没有凤凰
过于炽烈的羽
只一袭素衣
静静地等

山之巅

爬上山崖
遇见一株枯木
还有两个无字的石墩

谁也无心
来偷听
我和一个石墩痴谈

没有女娲来补天
也不见灵猴
突然蹦现

这里的故事
属于静止的时光
还有愿意发呆的闲人

思如烟花

许多话
在喉间躁动
灼伤了嗓

如巨石
滚过烈焰
燃起一朵朵火花

那些想与念
开在心头就好

绷紧的唇
锁不住思念的花

恰如烟花
将心底的话儿
写满苍穹

月光哑了

自从你把日历
撕落
四月的夜里
月光哑了

梳子　犁地似的
翻出一层层
长长短短
断弦

那是
一场雪
悄悄冻伤了
月的金嗓

楼兰浅梦

晨起　泪痕犹在
怎样的哀伤
哭干了千年的河床

这沉默的大漠
于一株深根匍匐的沙棘
见证生命的执著

手里的流沙
吹散一个神秘王朝
四轮的驼铃　扬起了飞天的裙裾

楼兰　楼兰
你入我的梦境　哭吧
另一条河
将在你的泪里丰盈

末班车

有一辆车
从夜的腹地开来
里面
坐着梦

悬浮在
星光轨道上
安静地等我
入梦

我不怕
在暮色里迷途
只怕
这梦关了门

与其说
我在赶末班车
不如说
末班车在等我

它得载着我

穿越昼与夜的交集

寻到那一抹光

回家

思念的针脚

思念在唇边徘徊
扯着心儿
慌如小鹿迷途

若是线儿脱钩
针脚必将
退回第一个织点

最后一道防线
攻陷
紧闭的唇

茧　语

这一次啊
我不再是一只茧子

所有的丝
牵向远方

送你一匹锦缎
藏下跋山涉水的游踪

不是梦啊
我　已在路上

藏

该把你藏在哪里
我才心安

写着字
你从诗行里
探出身来偷眼瞧我
翻着书
你从扉页开始
陪着我一路小跑

不见的日子
时光碎成无数亮钻
不知是它装饰了星空
还是星空收留了太多的思念

该把你藏在哪一颗星里
我才心安

迷 雾

雾起
在深夜的舌尖

隐秘的凉地
酝酿雾的大幕

如炬的目
熄了光

轻灵的翅
被打湿在黎明

露　珠

醒来
发现　一个
通体莹透的自己

光　正从
心里出发
宛若一曲歌谣

晨曦中
以一颗露珠的姿态
听一朵花轻吟　拥一株草曼舞

通体莹透的自己
照见　一个
轻盈的梦

梦境碎语

一旦静止
梦　就如潮水般
涌来

粼粼波光
是秋水深沉
是明月皓洁

整个世界
凝向一个中心
或散向更多星光与舞台

可能脱离了地心引力
可能游移出寄居的客体
或者重叠出更多的可能性

一个梦醒的过程
远比梦本身
更悠长

绿枝上的梦

昨夜的雨
悄悄唤醒枝头的梦
晨光微曦　月光不舍离去
散作涟漪朵朵

啾啾　唧唧　喳喳
鸟儿携着梦
逐字逐句　将绿枝上的诗行
填满我梦的缝隙

我被银色的波光浸润着
我被热情的小鸟簇拥着
不知不觉　成为绿枝上的
一首诗

攒

我悄悄地
攒了许久许久
终于把思念攒成了
完整的诗句

让我一口气倾吐吧
我怕一打岔
又碎成千片
不知该从何说起

嗨,好久未见

嗨,好久未见

风还来不及吹走
上一次挥别时
洒落的雪花

每一缕呼吸
伴着海浪
已引动心的潮汐

嗨,好久未见

这一声招呼
不知该对着南飞的雁阵
还是洄游的鱼群
或者初绽的寒梅

阳光掠过浮尘
偷偷描摹我的目光
睫毛轻轻颤动的瞬间
时间仿佛又远去了几个世纪

嗨,好久未见
我只来得及呢喃
这一句

白头履约

为了与你白头
我在正当青春的年华
陡然生发无数银丝

一根根
都是和鸣的琴瑟
一丝丝
都是满江的花月夜

月是最睿智的
只一眼
便温和地
将心事拂了满地

热胀冷缩

这条路
像根橡皮筋

依依不舍
将它拉得老长老长

形只影单
将它冷缩成一小截

谁仔细读过

这路面上
由足盖下的印章里
每一个热胀冷缩的故事

一　眼

只是来看一眼
这样　可好

如一缕清风
不经意间拂过
推开这扇门

哦　一切安好
我又悄悄
存进一个秘密

我比你想象中更爱你

多少次
我们彼此追问
爱有多深

我爱你
比你想象得
更深刻

就如一卷云
无法细数对蓝天的挚爱
就如一尾鱼
无法言表对大海的深情

这是一个灵魂
契入另一个灵魂
好比房屋的梁木构造
彼此咬合
毫无缝隙

沐风轻语

时光是一个容器

时光是个
特别的容器

用如果囚禁过去
重构各种事实

用假如诱捕未来
演绎无数可能

唯有现在
溢得满地都是

闲　聊

不如来聊聊
一些无关的话题
比如天和地　风和云
给心　一片驰骋的草原

让眼底的光
找到它的家人
星光正在远处招手

或者　给舌尖一个话题
茶和咖啡
哪个更有回味

不一定要在春天
不一定面朝大海

想听你说话

想听你说话
关于天气　交通　饮食
以及所有零散而不着边际的话题

阳光重新闪回的那刻
突然忘了
该如何开口

一切的一切　藏在
你的话里
漾成空气里的香氛

这样也好
听风　听雨
听自然的一切气息

定　格

目光　被
晚江锁住

如同记忆
定格你的眼底

文字生根
视线　挪不动一行

莫负春光

雪来时
我陷落在梦境里

留你独自徘徊
在梦的门外

朔风冻伤了你的心
却在枯枝上展开一片红叶

我辜负的
何止是一个春

惑

心里有话
舌尖却害羞得
藏了起来

是形囚了心
还是心
困住了形

这是一道
无解的习题

江南晓渡

你是江南

飞出的一只鸟

衔着软泥

筑一个小小的巢

紧靠堤岸

化为渡船一条

游弋于我的心房

还有你的码头

煮　冰

夜深了
我把炉火
熄了

有一壶茶
还在心眼上
慢煮

水
走不近沸点
却烫伤了我的目光

舞吧　火苗
坚冰最怕
岁月的灼热

足 音

你岂能漠视
音律陡变
在那刻沉默之后

炽烈的岩浆
吞噬从喉间滚落的巨石
烈焰的舌
被双唇紧紧禁锢

暗流　汹涌
只有足音
撼动你的耳膜

在你的心瓣
踩出一条
长满青苔的小巷

立夏这一天

这个春日　光顾着赏花
却忘了把自己
也打扮成花的姿态

不急　不急
我的本命花啊
等在夏日　最炽烈的日下

它已将心儿熨得滚烫
等着唤我　回到蕊端
最深的梦里

立夏这天
我守着一颗露珠醒来
一只蜓　已悄悄立上我的肩头

筝　语

它的话
听过无数遍
每次都是怦然心动

有时化身为她
幽兰吐香
情深至无言

有时转身成他
长剑贯日
豪迈不可言

今日的它
是秋风里的落叶　旋舞
是五里一徘徊的孔雀　独自南飞
是战马奔腾　踏起一路尘烟

弦儿牵着手
双手引着目光
追着起伏的声线
将心撑得满满当当

任　性

我的任性
何尝不是你
喂养的
一条宠物

啮心为食
饮泪作泉
一圈圈肥腴
渐长爱的羽翼

这溺爱　是怎样的生力
即便是吵与闹
也会在温暖注目中
消融　绽为奇葩一朵

另起一行

总要有点变化
让一个仪式结束得
完整而完美

比如日记
另起一行
转入新的话题

四月　又一个起点
在书海里
我　脱胎换骨

生命的真谛
总在松手之后
才能　真实握住

寒露之后

寒露之后
凉意不再矜持

各色的叶
把秋写满脸颊

蝉褪去外衣
遁为隐士

云的影子
正欲藏入霜与雪

水的涂鸦
也将在远方凝固

西子湖

风从湖上吹过
我的心有点忧伤

西子微蹙的眉
锁着怎样的秘密

化作一尾沉鱼
潜入她的湖

握着悄觅的答案
我的心里满是忧伤

习　惯

不用思考
它就带着你
一路向前　不知疲倦

停歇一会吧
推开门　打开窗
让风进来整理斗篷
让光进来擦亮宝剑

路的尽头
还要风雨相伴
一程又一程

跨　越

当没有退路
只能腾跃前行

振翅的风
鼓起心的双翼

高空中的一步跨越
不啻雏鹰的首飞

勇气与自信
蜕尽怯懦与犹疑

就该云般舒展
奔向蓝天

当哀伤真的到来

当哀伤真的到来
才发现
之前所谓的伤情
不仅造作
而且肤浅

一夜白头
不是歌词或小说

在哀伤中
世界失了色彩

返回黑与白的胶着
眼眸深处的纯色
恰似一江清水
悠悠在心间
漾着月光静默无声

晚安,我的爱人

一个长长的夜袭来
暗是厚重的窗帘
没收了星光
也吸走了你的眸光

我的胡思乱想
撞击出电光火石
这一夜
就不会太黑了

别担心我
在梦里依然会拽紧你
滑脱的手
还有逃离的月

晚安　我的爱人
说好明天见
明天有日有月
还有星光点点

这一天

这一天
在平常的日子里
熠熠生辉

每一个脚印
都有你的牵引
每一秒呼吸
都有你的呼应
每一声心跳
都有你的回音
每一瞬出神
都有你的身影

日历翻过
一页页
日子变瘦了
你伴着我
一天天
岁月丰腴了

它的魔力
让我的心儿
装下了整个世界

循文品字

文　字

自从失聪
他只剩
一个对话者

现在
它就坐在对面
像他的一面镜子

笔尖落花

一朵花
开在笔尖

蕊心端坐
水的精灵

汲昆仑的冰雪
取黄河的沉沙
研磨　铺纸
写一篇奔走的长文

笔尖游动
鲲亦腾跃
与鹏共舞

笔尖落定
点醒一朵青莲

也 问

搔鼓再起时
我在这里　已守候了两千多年

枕着怀沙　恸着哀郢
听着你与天地的对话

有时　我也极想找一条江跃下
来问一问　可有人愧对着你垂泪

搔鼓声骤寂
那可是你的回答

神　话

　　牛郎和织女
　　银河与飞渡

　　一个神话
　　说尽爱的劫阻

　　揪紧的泪腺
　　撼动心的桥埠

　　潮汐卷起思念的叹息
　　于深夜作点点标浮

　　别再痴等
　　那鹊儿来铺路

　　快让爱的归途
　　在心间复苏

望　月

午夜
风起

你转身走入蟾宫
只把哀伤绾入发髻

吴刚的斧下
桂香悄溢

谁的悔意
斟满酒樽的杯底

观剑南诗稿

剑南诗稿里的刀光
劈落坚硬的山岳

团团浓墨
腾跃关隘要塞
直至枯竭
仍驰骋大漠

雨霹雳而下
那是男儿的热泪
砸痛万里河山

铮铮铁骨
屹立不屈

我在天地间
以指拟剑
北望
弥合天的裂缝

刻舟求剑

无数次
天色擦黑
我就急着奔回梦里
找寻上次弄丢的宝贝

一次次
回放相同的场景
一处处
搜索所有的角落

失而复得的欣喜
总在梦醒那刻
碎满一地

那是年幼的我
唯一能变的魔术
恍若那个楚人
刻舟求剑

灯　下

灯下的相伴
是读书　作诗和发呆
是时光的流逝和凝滞

或比肩为邻
或遥相呼应
或沉默不语

不用开口
光照得见一切
包括思想的缝隙

寰宇微尘

若你见过
一粒沙
三百倍镜下
色泽　质感　与风姿

就能明白
布莱克
"一沙一世界"
隐喻　妙趣与哲理

等一个字落下

我在这里
等　一个字
落下

时光
在宣纸上舒活
唤醒了
浅寐的青花

一个章盖下
我　终于
悄悄醒来

致普拉斯

你在这条路上
反复迂回
却又目标明确

你藏在词语的背后
却又成为箭矢
射出最精准的词语

是逃离　还是紧拽
被扼伤了的脖颈
扭不断的汩汩长河

爱情　曾经来过
在最美的时候
月亮　照见紫杉树

清晨
我踩进这光影
像踩进一面镜子

对话开始　流动

不知所言

却又心愿相通

美丽的谎言

你的谎言
如浴室里的镜子
将我定格在十八岁

推窗而望的青春
只有晴朗的天与和煦的风
还有奔跑的脚步与飞翔的心

当时光终于不再撒谎
我却甘心为你眉眼的沟壑
书写最美的歌词

·

街 巷 漫 步

街头一瞬

挑剔的眼眸
被街头的一瞬磁吸

渐弯的腰背
驮起岁月的山峰
相携搀扶的手
紧握山盟与海誓

时光的线头
轻轻扯动生命的经与纬
蹒跚的步履
织一匹爱的锦缎

这个瞬间
暖了所有的眼眸

它们是来参观我的

我给它们喂食
隔着铁栅栏
每日晨夕

它们叽叽喳喳
隔着铁栅栏
评论不休

这可怜的人
怎么没有翅膀

剪　发

也是某种
告别的仪式

一梳子　筛去
几许纷扰
一剪子　断离
几多烦恼

看那理发师
如握武林秘籍
旋出另一个乾坤

水泥备忘录

一群群人簇拥着
从风的那头飘来
远远的　如一丛丛斑斓的花
隐入松柏翠绿间

一块碑　躺在草丛里
"一九八八年春"与"立"
断成两截
像一种行为艺术

这是水泥的备忘录
关于生死
精炼到
没有句号

雨中偶遇

向晚时分
赶路的女孩
被大雨困住了脚步

我把伞塞进她手里
看一朵小花
在雨地里绽放

雨声滴答
给仲夏
一个满意的注解

老　歌

最怕　心
在老歌里
走神

如离弦的箭
不知会在何处
击中隐匿的疤痕

雨雪涛声
融入每一个旋律
每一秒心跳

就这样
一次次勾勒出
走失的记忆

在你看得见的地方

为了实现承诺

我幻为虹彩一抹

又化身旭阳一缕

在你看得见的地方

高悬闪烁　永不消失

只是　虹彩太求机缘

旭阳又过于灼目

夜的深处

星与月正相辉映

这寰宇的光

陡然明晰

你的视线　还有记忆

触　角

我是清风多好
可以轻抚你的脸庞

我是细雨多好
可以偷吻你的发丝

我是花香多好
可以藏入你的心扉

我愿是这自然界
最敏锐的触角
一丝风　一滴雨　一缕香
都是我存在的姿态

闲章偶拾

花

花凋谢之后
果实来了

我们不再说爱
心底却开满了鲜花

悟

放下那刻
世界突然静了

光阴单行线

有一条单行线
叫光阴

今宵多珍重

思念是一种毒

除了相见　别无解药

一颗音符

楼上的孩子
又拉起了
空弦

一颗音符
眠入
我的耳蜗

爱　情

爱情一直是
心里的一根刺

从明天起
我要让它长成柳条

雨中的小花

谁的手指
掐断了
这蓓蕾的笑容

把所有的声音
都关在了心底

仲夏之夜

夏的魅
在夜

一瞥惊鸿
一撇盈舞

光与影
藏身曲与画

在仲夏的江畔
寻梦

肩　头

靠上肩头的那刻
空弦开始反复
天籁在心底回荡
一个婴孩在耳畔咿呀

未来
要在这里起步

后记:停不下,追风的脚步

风,是自然界的行者。它是自由的,可以抵达任何想去的地方。它也是有脾性的,轻柔时小心地唤醒沉睡的花种,狂暴时横扫一切拦路的阻碍。出生并成长于滨海古镇的我,也熏染了风的性格。

当我以"知风草"为笔名,提笔写下第一首小诗时,追风的脚步就已注定无法停下。当读到徐志摩的《偶然》时,更是怦然心动:我何尝不是天空里的一片云!而风,就是推动我成长的魔幻之手。它牵着我从东海之滨西行,扎根浦江东岸;它裹挟着我的情绪,或厚重雨落或轻盈雪舞,悄然藏入每一行诗句。

我们其实都是一缕风,从原野扑入城市,从城市奔向原野,在追风的过程中,努力去接近梦想。风,让心变得更加敏锐。自然万物的变化,城市生活的节奏,读书求知的思索,总有触动心底的灵感闪现。这些诗句,是心与自然万物的对话,是自我的内心独白,是我生命中的一笔财富。

于是,就有了这一册《追,城市的风》。八个章节,124首小诗,和风有关,和城市有关,和自然万物有关,也和成长与情感有关。"春意正浓"章节,从第一缕风唤醒春入笔,关注春风、春雨、春花的变化,将春意推入你的眼眸;"潮汐如歌"与"沐风轻语"章节,是江海的呼吸,亦是内心的吟唱与独白;"城市简笔"与"街巷漫步"章节,从楼群建筑、人文景观、城市生活、自然街景等角度勾勒出魔都风貌与生活图景;"莲影石音"章节,祖露都市人对爱情与生命的反思:很多时候,人生是必须经历"刻刀之吻"才能塑造成型的;"循文品字"章节,呈现阅读与思考的过程,是心灵与文字之间的对话;"闲章偶拾"章节,是灵感的闪现,是心灵的撞击,是生命的思索与收获。

如果说,这一册诗集里有与你共鸣的诗句,那一定是因为"文字是有灵魂的",它是作者与读者之间的桥梁,是一首诗悄悄打动一颗心的美好体验。于我而言,文字就是我的触角,让我敏锐地感受自然万物的细微变化,而我,则隐身文字,一丝风、一滴雨、一缕香,都是我存在的姿态。梳理这些诗句的过程,也是唤醒自己的童心,唤醒记忆中固有的纯粹与美好的过程,让自己能够敏锐与执著地感受生命,坦荡与舒展一个真实的自己。

当笔尖亲吻纸面,文字与灵魂开始了神秘的互访。而声音则以另外一种方式,让文字立起身,悄然行走在读者心中。在"致一书斋"公众号里,有这些诗篇的音频。只要扫一扫封底的二维码,你就能用耳朵来亲近这些文字,在声音里沉潜至诗意深处,让心灵舒展恬静。

在这一册里,有一定的地域特征,这是我对上海——这座生我养我的城市的诚挚敬意。愿这一册诗集里的每一首诗,化身一棵树,栽满心的街巷。在所有爱诗歌、爱家乡的人们心底,建一座文字的城,绿树成荫,鸟语花香。

在本诗集编辑过程中,我得到了许多前辈和朋友的指点、支持与帮助。上海文艺出版社资深编辑徐如麒老师一次次深入探讨,从版式选择、行文布局、内容审定、出版印刷等多个环节给予了指导与帮助,保证了本册诗集的质量。中国作家协会会员、上海作协《上海诗人》首席编辑、诗人、诗评家李天靖老师百忙中细读了 124 首小诗,并拨冗撰写了序言。中国作家协会会员、浦东作协常务副主席严志明老师,对诗的筛选、修改、编撰提出了中肯的意见。同时,还要感谢上海作协、浦东作协、城市诗人社、白领诗社以及各兄弟诗社各位前辈与诗友给予的帮助与鼓励,让我在诗歌的路上,一路前行。此外,感谢为本册诗集出谋划策的所有朋友,感谢本册诗集的编辑、印刷等各个环节的工作人员。

我相信,诗歌是有历史使命的,它是让我们的心灵抵达纯真之境的方舟。我们最终一定会返璞归真。

王晓云

2017 年 8 月 20 日于黄浦江畔

图书在版编目（CIP）数据

追,城市的风／王晓云著.
—上海：上海文艺出版社,2017
ISBN 978-7-5321-6485-1
Ⅰ.①追…　Ⅱ.①王…　Ⅲ.①诗集—中国—当代
Ⅳ.①I227
中国版本图书馆 CIP 数据核字（2017）第 234073 号

责任编辑：徐如麒
封面设计：任明生

书　　名：追,城市的风
著　　者：王晓云
出　　版：上海世纪出版集团　上海文艺出版社
地　　址：上海绍兴路7号　200020
发　　行：上海世纪出版股份有限公司发行中心发行
　　　　　上海福建中路193号　200001　www.ewen.co
印　　刷：上海文艺大一印刷有限公司
开　　本：850×1168　1/32
印　　张：5.25
插　　页：2
字　　数：117,000
印　　次：2017年11月第1版　2017年11月第1次印刷
ISBN：978-7-5321-6485-1/I·5178
定　　价：35.00元
告读者：如发现本书有质量问题请与印刷厂质量科联系　T:021-59404766